Amandas Traum

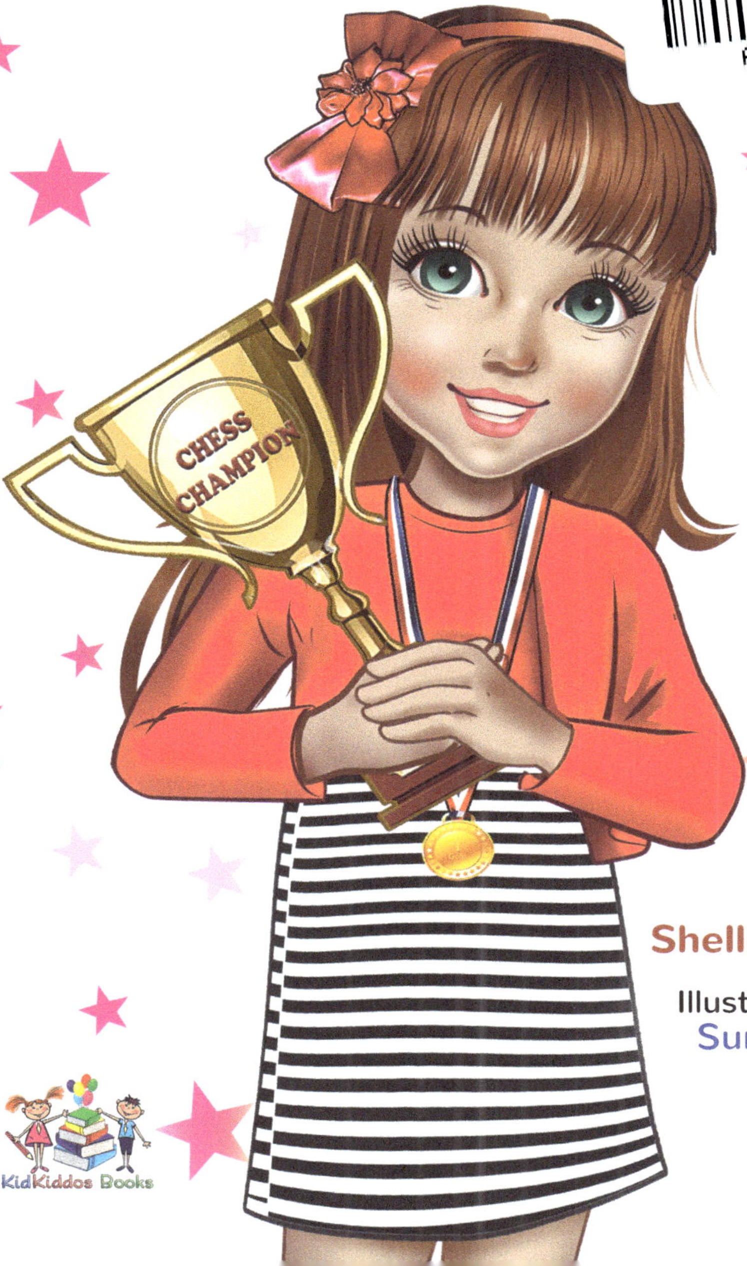

Shelley Admont

Illustrationen von
Sumana Roy

KidKiddos Books

www.kidkiddos.com
Copyright ©2013 by S.A. Publishing ©2017 by KidKiddos Books Ltd.
support@kidkiddos.com

All rights reserved. No part of this book may be reproduced in any form or by any electronic or mechanical means, including information storage and retrieval systems, without written permission from the publisher, except in the case of a reviewer, who may quote brief passages embodied in critical articles or in a review.
First edition, 2019

Aus dem Englischen übersetzt von Tess Parthum
Translated from English by Tess Parthum
Deutsche Überarbeitung von Veronika Strauß
German editing by Veronika Strauss

Library and Archives Canada Cataloguing in Publication
Amanda´s Dream (German Edition)/ Shelley Admont
ISBN: 978-1-5259-1854-4 paperback
ISBN: 978-1-5259-1855-1 hardcover
ISBN: 978-1-5259-1853-7 eBook

Es gab einmal ein kleines Mädchen namens Amanda. Amanda lachte oder lächelte nicht. Sie war unglücklich.

Amanda hatte viele Freunde. Sie hatte eine liebevolle Familie und lebte in einem großen Haus mit all den Dingen, die ihr Herz begehrte. Aber sie hatte das Gefühl, dass etwas fehlte.

Sie lächelte nicht, wenn sie ihre Zähne putzte, ihr Haar kämmte oder sogar mit ihren Puppen spielte.

Jeden Abend vor dem Schlafengehen saß sie mit ihrem Vater und spielte ihr Lieblingsspiel Schach, aber es half nicht, sie aufzumuntern.

Eines Tages saß Amanda auf einer Bank im Park und las ihr Lieblingsbuch.

Wie aus dem Nichts erschien eine Frau. Sie trug ein wunderschönes, rosafarbenes Kleid und hatte welliges, wallendes Haar und große, leuchtend blaue Augen.

„Hallo Amanda", sagte die Frau, als sie sich der Bank näherte. „Warum bist du traurig?"

„Ich bin nicht traurig", antwortete Amanda. „Mir ist einfach nicht nach Lächeln zumute."

„Bist du sicher? Du scheinst aufgebracht zu sein", antwortete die fremde Frau.

Amanda entschied, dass sie mit jemandem reden musste. Sie erzählte der Frau, wie unglücklich sie war. Als Amanda atemlos all ihre Gefühle nur so aussprudelte, begann sie zu weinen.

Plötzlich hörte Amanda auf zu weinen, sah die seltsame Frau an und fragte: „Wer bist du und woher kennst du meinen Namen?"

„Ich bin eine Traumfee", sagte die Frau. „Ich bin hier, um dir zu helfen."

Amanda hörte aufmerksam zu. „Du brauchst nur einen Traum – ein Ziel", fuhr die Fee fort.

„Ich weiß! Ich will unbedingt einen. Alle meine Freunde haben einen Traum", sagte Amanda aufgeregt, „und weißt du was? Ihre Träume werden wahr."

„Danny träumte davon, Fahrrad zu fahren, und letzte Woche hat er ganz allein gelernt zu fahren."

„Lillian träumte davon, Balletttänzerin zu werden, und jetzt hat sie Tanzunterricht und tanzt in verschiedenen Aufführungen."

„Ich möchte wirklich, dass auch irgendein Traum für mich in Erfüllung geht. Ich weiß nur nicht, wie man einen bekommt."

„Ein Traum ist nichts, was dir gegeben werden kann", sagte die Traumfee. „Du musst einen in deinem Herzen tragen. Keine Sorge, es ist nicht so schwer, wie es klingt. Ich kann dir helfen."

Amanda sah zu ihr auf und wischte ihre Tränen weg. Sie fühlte sich jetzt viel besser.

„Alles, was du tun musst, ist nach Hause zu gehen und darüber nachzudenken, was du möchtest", fuhr die Fee fort. „Schreibe all deine Lieblingsbeschäftigungen auf und was du an ihnen liebst."

Danach verschwand sie, als wäre sie gar nie dagewesen.

Was möchte ich? Ich weiß, ich will ganz viele Süßigkeiten, dachte Amanda auf dem Weg nach Hause. Nein, warum brauche ich ganz viele Süßigkeiten? Ich werde ein paar essen und dann keine mehr wollen.

Ich will ganz viele verschieden Puppen, dachte sie, aber dann änderte sie ihre Meinung wieder. Nein, ich brauche nicht ganz viele Puppen. Ich habe schon genug.

„Also, was will ich?", Amanda überlegte angestrengt weiter, was ihr Traum sein könnte. Vielleicht ein süßer, kleiner Hund?

‚Nein, es wäre besser, neue Buntstifte oder schöne Ohrringe zu haben. Oder vielleicht will ich eine berühmte Schauspielerin oder eine Prinzessin sein?'

Sie dachte daran, ihre Lieblingsbücher zu lesen mit ihren Freunden zu spielen. Sie dachte an Musik, Tanz und Malerei.

Sie dachte nach und dachte nach und dachte nach, aber sie wusste immer noch nicht, was sie wollte.

Sie dachte weiter nach, auch als ihr Vater von der Arbeit nach Hause kam. Wie jeden Abend spielten Amanda und ihr Vater Schach.

Sie genoss das Schachspielen an diesem Abend so sehr, dass sie ihr Gespräch mit der Traumfee ganz vergaß.

Als Amanda in dieser Nacht schlafen ging, hatte sie einen Traum.

In ihrem Traum ging sie durch die Türen eines großen Gebäudes. Sie ging einen langen Korridor hinunter und folgte dem Klang aufgeregter Stimmen, bis sie einen großen Raum betrat.

Es war ein Schachwettbewerb. Sie sah sich um und hörte, dass ihr Name über die Lautsprecher aufgerufen wurde. Sie würde als Nächste spielen!

In der ersten Runde spielte Amanda gegen Kinder in ihrem Alter und gewann jedes einzelne Spiel. Sie war aufgeregt, entschlossen und erstaunlich gut im Schach.

In der nächsten Runde spielte sie gegen ältere Kinder und gewann erneut jedes Spiel.

Am Ende des Tages wurde sie zur Schachmeisterin ernannt.

Amanda wachte überglücklich auf. Der Traum hatte sich so echt angefühlt! Sie wollte eine Schachmeisterin werden. Sie nahm einen Stift, kritzelte „Schachmeisterin" auf ein Stück Papier und rannte aus ihrem Zimmer.

Sie umarmte ihren Vater und rief: „Ich werde eine Schachmeisterin!"

Amandas Vater lächelte, drückte sie fest und sagte: „Ich glaube an dich, Liebes."

Ein paar Tage vergingen und in der Schule sollte ein Schachwettbewerb stattfinden. Es lag große Aufregung in der Luft.

Amanda war anfangs nervös, aber sie war zuversichtlich, dass sie gewinnen würde. Schließlich hatte sie in ihrem Traum die Meisterschaft gewonnen.

Von dem Moment an, als der Wettbewerb begann, war jedoch klar, dass Amanda nicht so eine starke Spielerin war, wie sie dachte. Sie verlor das allererste Spiel.

Sie war verletzt und von sich selbst enttäuscht. Es war überhaupt nicht so wie der Wettbewerb in ihrem Traum.

Traurig und entmutigt kam Amanda nach Hause. Sie setzte sich auf die Couch und fing an zu weinen.

„Wie konnte das passieren?", dachte sie. „Ich habe es doch so geträumt. Ich hätte gewinnen sollen!"

„Warum weinst du, Liebes?", sagte eine vertraute Stimme. Die Traumfee saß neben ihr.

„Was nützt es, einen Traum zu haben, wenn er nicht wahr wird?", antwortete Amanda.

Die Traumfee legte ihren Arm um Amandas Schulter. „Damit dein Traum wahr wird, musst du üben", erklärte sie freundlich. „Du musst hart arbeiten und es immer und immer wieder versuchen, bis du ihn verwirklichst."

Amanda hörte der Traumfee aufmerksam zu und wusste, dass sie recht hatte.

„Willst du wirklich, wirklich Schachmeisterin sein?", fragte die Fee.

„Mehr als alles andere auf der Welt." Amanda lächelte und hörte auf zu weinen.

Die Traumfee rückte Amanda näher und flüsterte: „Dann weißt du, was du tun solltest."

Bevor Amanda noch ein Wort sagen konnte, verschwand die Fee.

Amanda dachte einen Moment nach, sprang vom Bett und rannte zu ihrem Vater.

„Papa!", rief sie. „Ich will Schachmeisterin sein!"

„Ich weiß, Amanda, du hast es mir schon erzählt. Aber wie willst du das erreichen?", fragte er.

„Ich möchte mich für einen Schachclub anmelden und ich werde jeden Tag üben. Ich will nicht einmal fernsehen oder mit meinen Spielzeugen spielen – ich will einfach nur das machen."

„Bist du sicher?", fragte ihr Papa.

„Ja!", antwortete Amanda. „Ich werde alles tun, um Schachmeisterin zu werden."

„Ich bin stolz auf dich, Schatz, ich weiß, dass du Erfolg haben wirst."

Ihr Vater umarmte sie fest und Amandas Gesicht strahlte vor Stolz und Aufregung.

Amanda begann für den nächsten Wettkampf zu trainieren. Sie verbrachte die meisten Tage damit, Schach zu spielen.

Sie lernte im Schachclub, übte zuhause am Computer und spielte abends Schach mit ihrem Papa. Es störte sie nicht, nicht mit ihren Puppen zu spielen oder fernzusehen – sie war darauf konzentriert, die beste Schachspielerin zu werden, die sie sein konnte.

Schließlich kam der Tag des nächsten Wettbewerbs. Amanda stellte sich aufgeregt ihrem ersten Spiel und traf auf denselben Jungen, gegen den sie im vorherigen Wettbewerb verloren hatte.

„Bist du bereit, wieder zu verlieren?", fragte der Junge spöttisch.

Amanda lächelte nur. Tief in ihrem Herzen war sie überzeugt, dass sie bereit war.

Das Spiel begann sofort. Es war so einfach. Amanda gewann mit Leichtigkeit und freute sich darauf, mehr zu spielen.

Sie gewann das zweite, dritte und auch vierte Spiel und so ging es immer weiter. Jedes Spiel war schwerer als das Vorherige, aber dank ihrer harten Arbeit und Entschlossenheit gewann Amanda jedes Mal.

Am Ende des Tages wurde Amanda der Titel Schulschachmeisterin verliehen.

Sie zeigte ihre Medaille und Trophäe stolz ihrer Familie und ihren Freunden. Sie war so glücklich und wusste, dass sie alles erreichen konnte, was sie wollte.

So fand Amanda ihren Traum und verwirklichte ihn.

Von diesem Tag an war Amanda nie wieder traurig. Sie weiß schon, was ihr nächster Traum sein wird und was sie tun muss, damit auch dieser in Erfüllung geht.

Was ist mit dir?

Was ist dein Traum und was wirst du tun, damit er wahr wird?

Milton Keynes UK
Ingram Content Group UK Ltd.
UKHW020340181123
432768UK00010B/261